Vielen Dank für den Kauf dieses Buches!
Bei der Vorbereitung haben wir größte
Sorgfalt walten lassen!
Wir hoffen, dass dieses Buch Ihrem Kind
eine lustige Malstunde bietet ...
Hinterlassen Sie uns gerne einen
Kommentar auf der Amazon-Produktseite!
Ihre Meinung interessiert uns. Es wird
anderen ermöglichen, dieses Buch zu
entdecken!

Dieses Buch gehört:
....
....

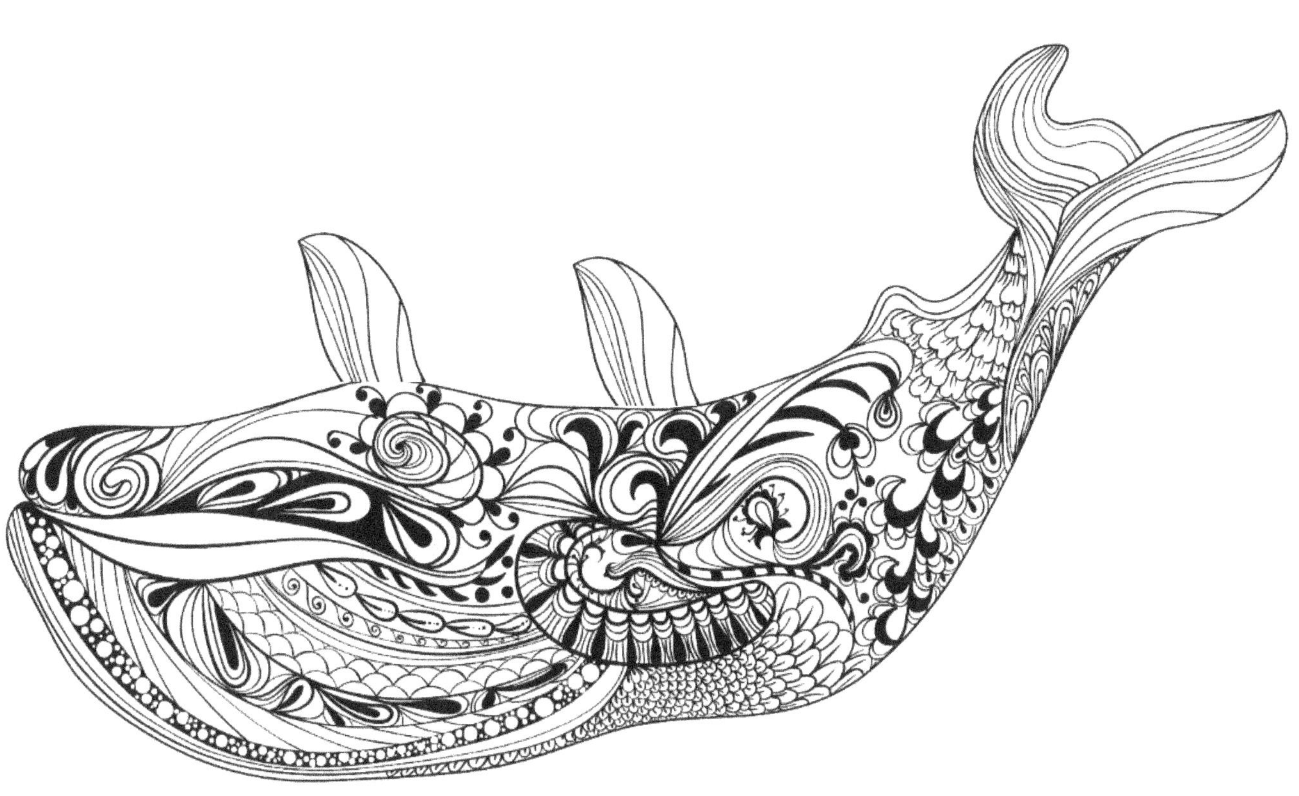

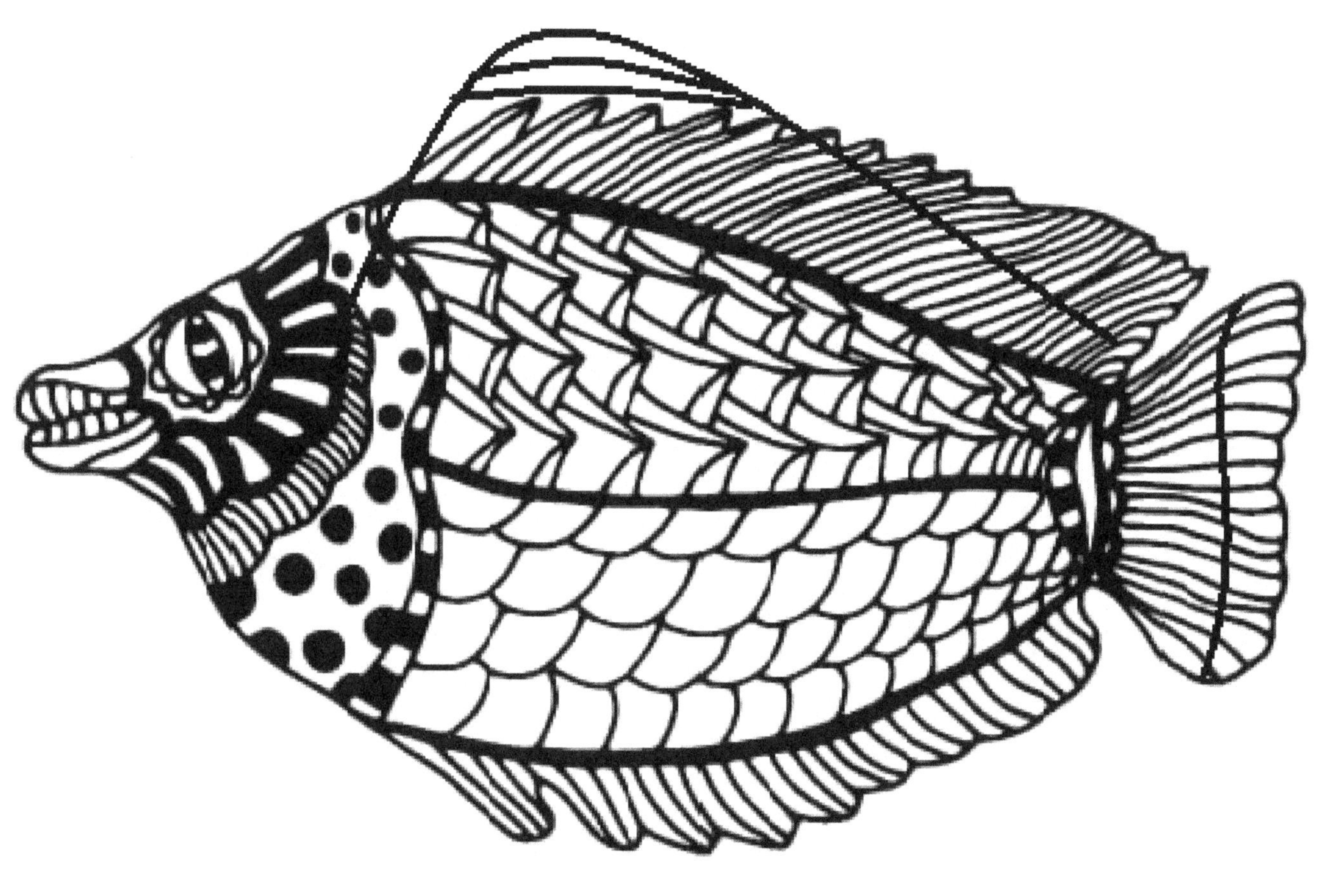

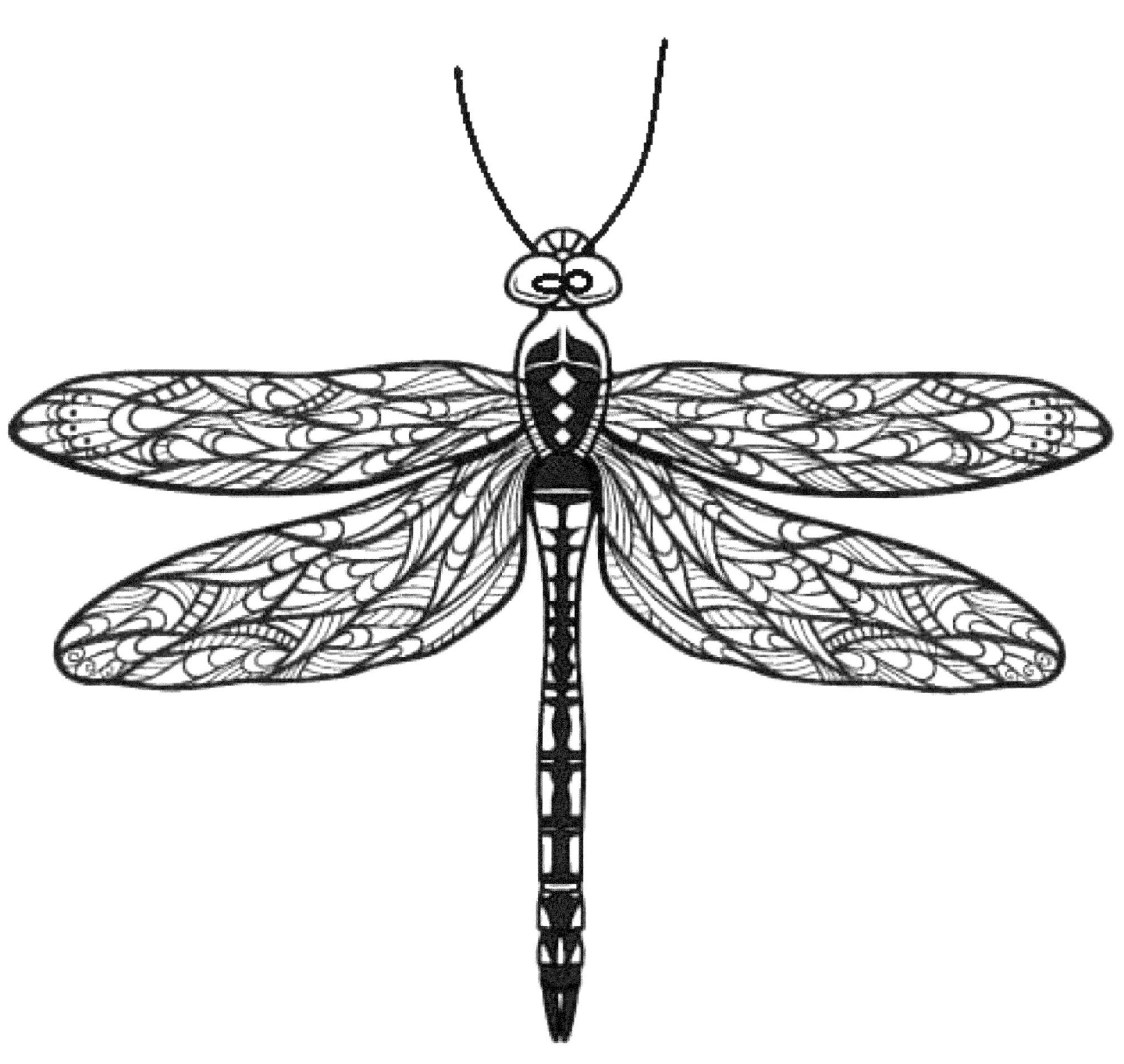

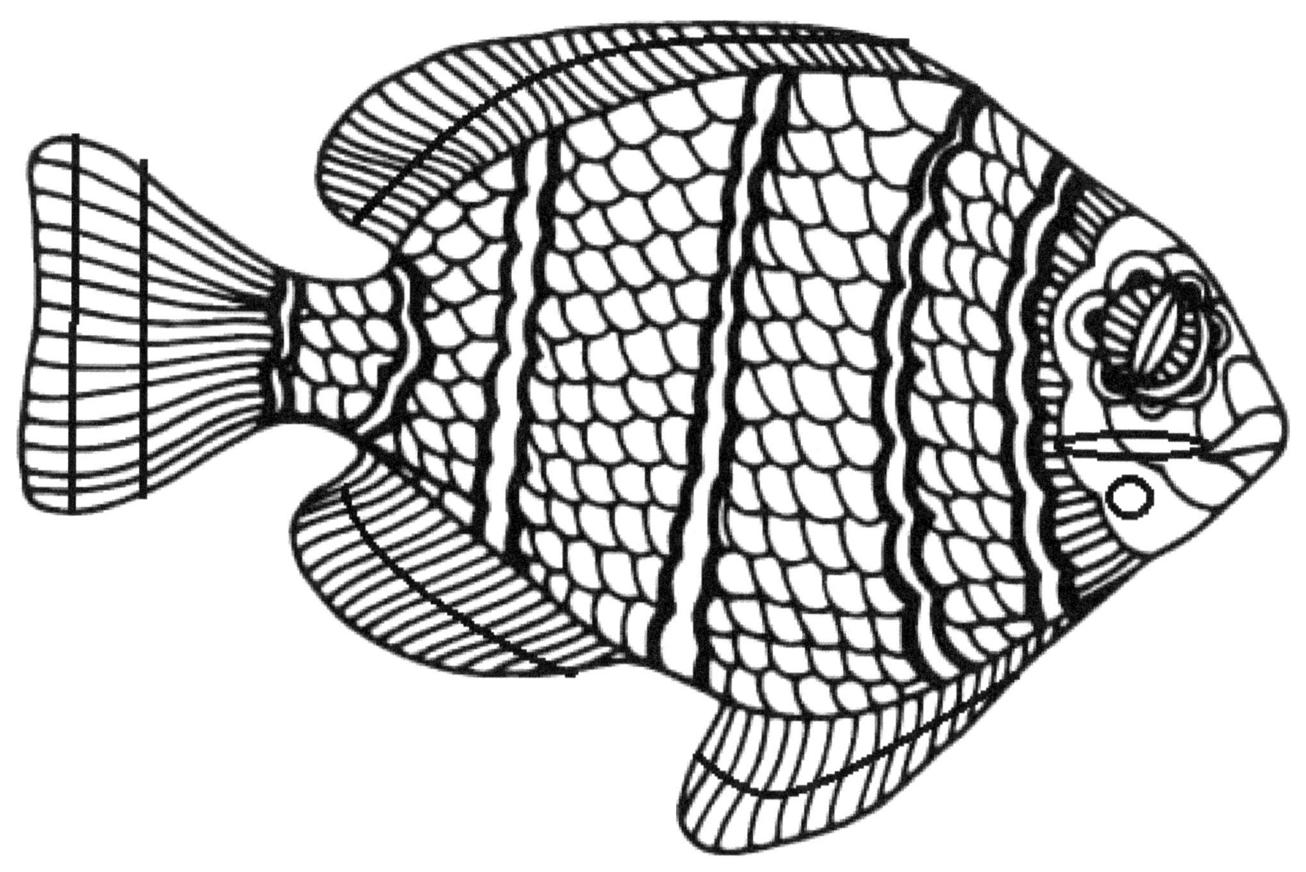

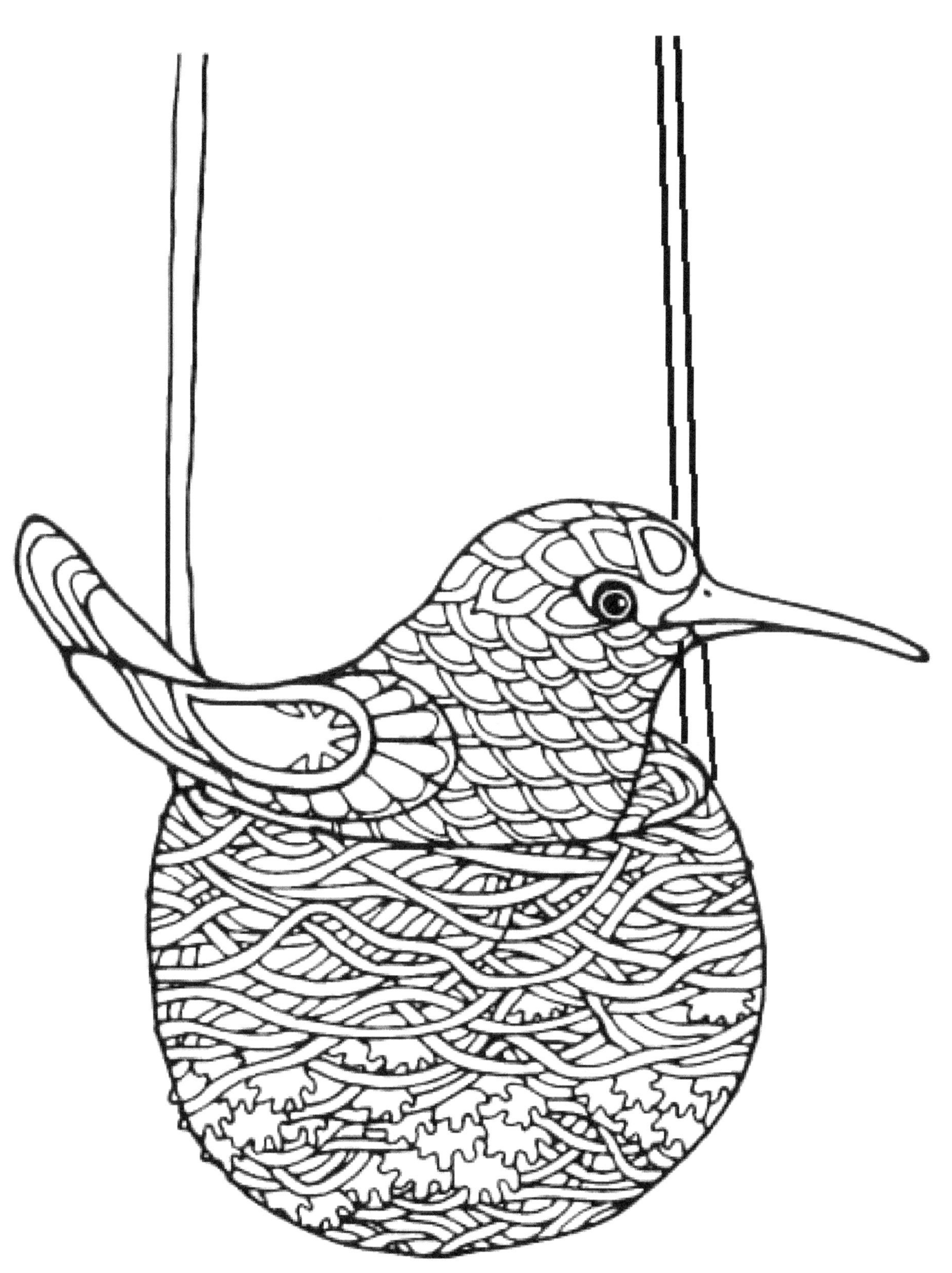

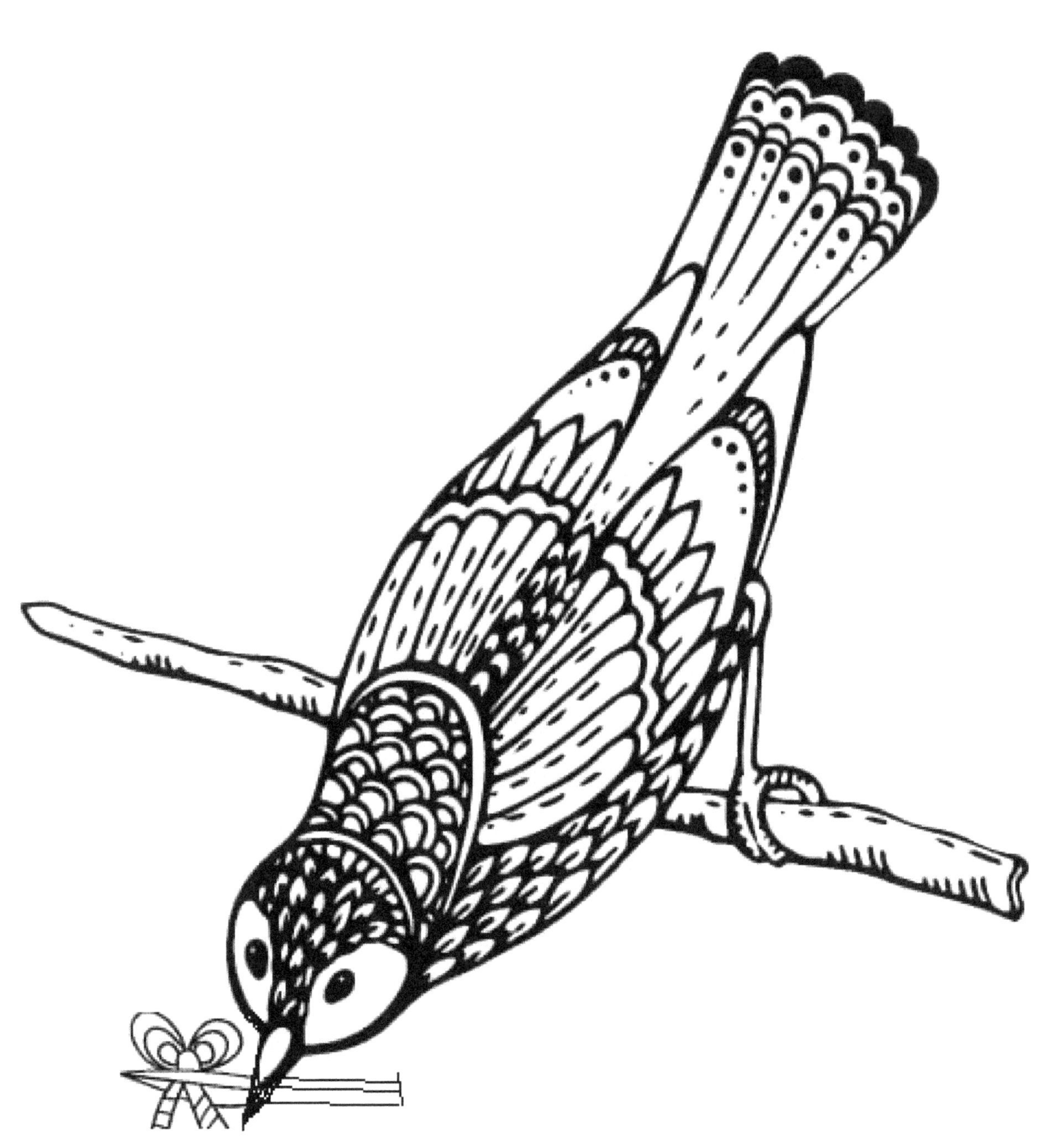

www.ingramcontent.com/pod-product-compliance
Lightning Source LLC
LaVergne TN
LVHW082249150826
845677LV00009B/1576